André Boccato & Estúdio CookLovers

Bolinhos Divertidos

receitas tradicionais, light e com ingredientes funcionais

cozinhar faz amigos

bolinhos divertidos

divertimento, saúde e praticidade ao alcance da família gourmet

♥ Já pensou em fazer da sua cozinha o playground da casa? As crianças vão aprovar a ideia, com certeza! Ir para a cozinha, fazer receitas e ainda brincar com os filhos – e permitir que eles se divirtam e aprendam enquanto brincam de chefs – pode ser uma das agradáveis possibilidades inspiradas neste livro de gostosuras.

♥ Pensando nisso, CookLovers traz edições que falam direto ao paladar e lança a mais nova série dedicada ao assunto: um projeto para inspirar e facilitar a vida do gourmet do século XXI. Ainda propõe, com arte e simplicidade, o prazer de comer bem, sem esforço ou consumo de tempo, para realmente se divertir e relaxar com a culinária. E mais: sempre uma alternativa da receita com "ingredientes funcionais" – para quem desejar ficar com mais saúde ainda!

♥ *Bolinhos Divertidos* oferece receitas que agradam em cheio ao paladar infantil, com ingredientes saudáveis e nutritivos. Divertidas e fáceis de preparar, estas receitas estimulam a criançada a pegar na massa e a descobrir o quanto uma "aula" para preparar seu alimento consegue ser educativa e prazerosa. E o melhor de tudo: um passo a passo simples e prático, feito mesmo para incluir a energia das crianças na aventura culinária.

♥ Um personalizado bolo caseiro, em formato alegre e divertido, pode fazer a vez de uma refeição rápida, pode abrilhantar o café matinal, um lanche da tarde, ou tornar ainda mais divertidas as festinhas para a garotada. E mesmo para os adultos, como "terapia culinária", fazer bolos e bolinhos é recomendação de primeira ordem... Para tanto, a CookLovers já prepara os próximos volumes da série *Bolos*, que trarão novas e deliciosas receitas.

♥ Acompanham os kits da CookLovers a apresentação das revolucionárias formas de silicone, ideais para todos os tipos de assados em forno doméstico. São levíssimas, flexíveis, facílimas de limpar e conservar. Garantem os mais variados formatos de bolos, tortas, doces e outros, e uma apresentação impecável final do prato, pois facilitam aquela tarefa árdua e arriscada de retirar a receita da forma. As formas de silicone suportam tranquilamente as temperaturas do forno e podem também ir ao freezer. É claro que todas as receitas da coleção CookLovers podem ser finalizadas em formas de materiais tradicionais. O resultado, em termos de sabor, consistência, etc., será igualmente garantido. Quanto à estética, ao design e à apresentação final do prato, a melhor recomendação é optar sempre pelas facilidades das novas tecnologias. Basta conferir pelas imagens do nosso livro e ver que as receitas, acima de tudo, causam a melhor das impressões.

receitas em versão dupla
alimentos light e funcionais, os aditivos da saúde total

♥ Depois de criada, cada receita foi testada pela equipe de cozinha experimental Estúdio CookLovers. E, depois, novamente testada. As receitas CookLovers sempre propõem a substituição de alguns ingredientes por alternativas ainda mais saudáveis, trazendo alimentos light e os chamados alimentos funcionais, em pó.

♥ E o que vêm a ser os "alimentos funcionais"? São os chamados alimentos naturais, preventivos e auxiliares no controle dos vários desequilíbrios que podem comprometer a saúde e a boa forma. Alguns deles, como certos grãos e cereais, castanhas, sementes e frutas secas, costumam figurar nas dietas mais modernas, como os compostos ou suplementos nutricionais (mix de farinhas e sementes, farelos e grãos muito ricos em fibra vegetal), complementos que ficaram conhecidos como "ração humana", ou melhor: o Alimento Funcional em Pó.

♥ Sob a consultoria da médica e nutróloga Cristiane Coelho foi elaborada uma alternativa para cada receita, em versão balanceada e absolutamente light, e ainda muito mais saudável, em toda a coleção CookLovers. A mesma receita, porém com a indicação de suplementos funcionais e menos calóricos. Estas versões, light e com alimentos funcionais, se encontram em destaque ao final de cada receita.

André Boccato

Bolinhos Divertidos

Cook Lovers

índice

Bolo de Abóbora 6

Bolo de Atum 8

Bolinho de Banana com Coco 12

Bolo Mesclado 13

Bolo Salgado de Espinafre 16

Bolo de Chocolate, Avelã e Coco 19

Quiche de Abobrinha e Cenoura 20

Torta de Salsicha 23

Bolo de Chocolate 24

Bolinho de Milho, Queijo e Ervilha 27

Bolo com Gotas de Chocolate 30

Bolo Real 31

Bolo de Castanhas-de-Caju 34

Bolinho Colorido 37

Torta de Frango com Palmito 38

Bolo de Doce de Leite 41

Passo a passo 42

Alimentos light, diet e funcionais 44

Dicas para uma cozinha sustentável 45

Bolo de Abóbora

ingredientes

- 1 xícara (chá) de abóbora-moranga cozida no vapor (180g)
- 4 colheres (sopa) de leite (56g)
- 3 colheres (sopa) de açúcar (57g)
- 1 gema média
- 1 colher (sopa) de maionese (30g)
- 1/2 xícara (chá) de farinha de trigo (50g)
- 1/2 colher (sopa) de fermento em pó (11g)
- 1 clara média em neve
- 1 colher (sopa) de açúcar cristal (20g)
- margarina para untar

modo de preparo

Unte as formas com margarina, enfarinhe e reserve. Amasse a abóbora e junte o leite, o açúcar, a gema e a maionese. Junte a farinha peneirada com o fermento e incorpore a clara em neve, delicadamente. Coloque a massa nas formas untadas com margarina e enfarinhadas. Leve ao forno em temperatura média (200ºC) por cerca de 30 minutos. Desenforme e polvilhe o açúcar cristal. Sirva quente ou frio.

rendimento: 🐻🐻 2 porções
tempo de preparo: 20 minutos
tempo de forno: 30 minutos

que tal utilizar ingredientes funcionais?

♥ Substitua a maionese por iogurte desnatado, na mesma quantidade.

♥ Substitua o leite comum por leite de soja, na mesma quantidade.

♥ Substitua 1/4 de xícara (chá) de farinha de trigo por quinua em flocos.

para ficar + light

♥ O leite e a maionese podem ser substituídos pela versão light desses produtos.

♥ O açúcar da massa pode ser substituído por adoçante culinário, na mesma quantidade ou seguindo as recomendações da embalagem.

♥ Não polvilhe o açúcar cristal no bolo depois de desenformar.

Bolo de Atum

recheio
- 1 colher (sopa) de azeite (11g)
- 1 colher (sopa) de cebola picada (17g)
- 1 tomate picado sem pele e sem sementes (100g)
- 1/2 lata escorrida de atum (65g)
- 1/2 colher (sopa) de salsa picada (35g)
- 1 colher (sopa) de azeitonas verdes picadas (26g)
- sal a gosto

massa
- 2 colheres (sopa) de queijo parmesão ralado (22g)
- 1 ovo médio
- 2 colheres (sopa) de óleo (22g)
- 2 colheres (sopa) de farinha de trigo (36g)
- 1 colher (sopa) de amido de milho (10g)
- 1/2 xícara (chá) de leite (100ml)
- 1 colher (chá) de fermento em pó (6g)
- sal a gosto
- margarina para untar

modo de preparo
recheio
Em uma frigideira, aqueça o azeite e frite a cebola até murchar. Junte o tomate, o atum e a salsa. Retire do fogo e adicione as azeitonas. Tempere com sal e reserve.

massa
Unte as formas com margarina, enfarinhe e reserve. Bata no liquidificador o queijo, o ovo, o óleo, a farinha de trigo, o amido de milho, o leite, o fermento e sal. Distribua metade da massa nas formas, coloque o recheio e cubra com a massa restante. Leve ao forno em temperatura média (200°C) por cerca de 30 minutos. Desenforme e sirva quente ou frio.

rendimento: 🐻🐻 2 porções
tempo de preparo: 20 minutos
tempo de forno: 30 minutos

que tal utilizar ingredientes funcionais?
♥ Substitua a farinha de trigo branca por farinha de trigo integral, na mesma quantidade.

♥ Acrescente 1/2 colher (sopa) de sementes de linhaça dourada à massa antes de colocá-la na forma.

♥ Acrescente 1/2 colher (sopa) de Alimento Funcional em Pó à massa antes de colocá-la na forma (veja a receita na página 46).

para ficar + light
♥ O leite, o atum e o queijo parmesão ralado podem ser substituídos pela versão light desses produtos.

♥ O óleo pode ser substituído por margarina light, na mesma quantidade.

♥ Retire o queijo parmesão ralado da massa.

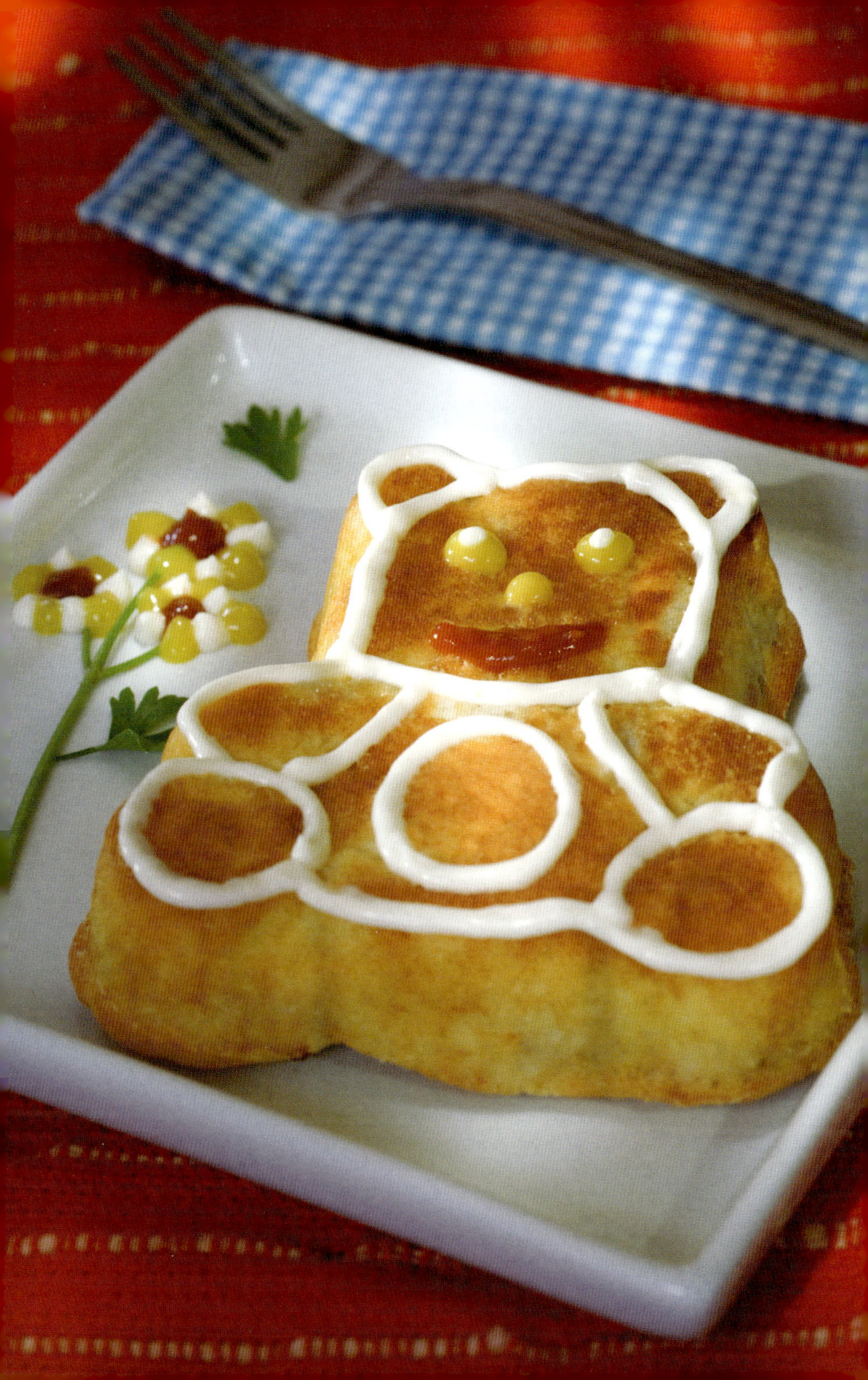

Bolinho de Banana com Coco

receita na página 12

Bolinho de Banana com Coco

passo a passo da receita na página 42

ingredientes

- 2/3 de xícara (chá) de farinha de trigo (67g)
- 1 colher (chá) de fermento em pó (6g)
- 1 pitada de sal (menos de 1g)
- 1 banana-prata amassada (80g)
- 1/4 de xícara (chá) de manteiga derretida (46g)
- 1/3 de xícara (chá) de açúcar (57g)
- 1 ovo médio
- 1/2 colher (chá) de essência de baunilha (1g)
- 1/3 de xícara (chá) de coco fresco ralado (18g)
- margarina para untar

veja o vídeo do passo a passo no site
www.cooklovers.com.br

modo de preparo

Unte as formas com margarina, enfarinhe e reserve. Peneire a farinha de trigo, o fermento e o sal juntos. Reserve. À parte, misture a banana, a manteiga, o açúcar, o ovo, a baunilha e o coco fresco até a mistura ficar homogênea. Adicione a farinha peneirada, passe para as formas e leve ao forno em temperatura média (200ºC) por cerca de 30 minutos. Espere amornar e desenforme. Sirva morno ou frio.

rendimento: 2 porções
tempo de preparo: 20 minutos
tempo de forno: 30 minutos

que tal utilizar ingredientes funcionais?

♥ Substitua 1/3 de xícara (chá) de farinha de trigo por farinha de quinua.

♥ Acrescente 1/2 colher (sopa) de Alimento Funcional em Pó à massa antes de colocá-la na forma (veja a receita na página 46).

♥ Acrescente 1/3 de xícara (chá) de pera picada à massa antes de colocá-la na forma.

para ficar + light

♥ A manteiga pode ser substituída por margarina light, na mesma quantidade.

♥ O açúcar pode ser substituído por adoçante culinário, na mesma quantidade ou seguindo as recomendações da embalagem.

Bolo Mesclado

ingredientes
- 1/3 de xícara (chá) de manteiga (60g)
- 1/3 de xícara (chá) de açúcar (57g)
- 1 ovo médio
- 2/3 de xícara (chá) de farinha de trigo (67g)
- 1 colher (chá) de raspas de laranja (menos de 1g)
- 1/2 xícara (chá) de suco de laranja (100ml)
- 1 colher (chá) de fermento em pó (6g)
- 1 colher (sopa) de chocolate em pó (18g)
- margarina para untar

modo de preparo
Unte as formas com margarina, enfarinhe e reserve. Misture a manteiga, o açúcar, o ovo, a farinha de trigo, as raspas, o suco de laranja e o fermento. Divida a massa em duas partes e misture o chocolate em uma delas. Passe a massa de laranja para as formas e coloque a massa de chocolate sobre ela. Leve ao forno em temperatura média (200ºC) por cerca de 30 minutos. Espere amornar e desenforme.

rendimento: 🐻🐻 2 porções
tempo de preparo: 20 minutos
tempo de forno: 30 minutos

que tal utilizar ingredientes funcionais?
♥ Substitua 1/3 de xícara (chá) de farinha de trigo por amaranto em flocos.
♥ Acrescente 1/2 colher (sopa) de Alimento Funcional em Pó à massa antes de dividi-la em duas partes iguais.
♥ Acrescente 1/2 colher (sopa) de tahine à massa antes de dividi-la em duas partes iguais.

para ficar + light
♥ O chocolate em pó pode ser substituído por cacau em pó, que não contém açúcar.
♥ A manteiga pode ser substituída por margarina light, na mesma quantidade.
♥ O açúcar pode ser substituído por adoçante culinário, na mesma quantidade ou seguindo as recomendações da embalagem.

Bolo Mesclado

receta na pagina 13

Bolo Salgado de Espinafre

ingredientes

- 1 xícara (chá) de espinafre cozido (165g)
- 1 colher (sopa) de manjerona fresca (7g)
- 2 colheres (sopa) de óleo (22g)
- 1/3 de xícara (chá) de leite (67ml)
- 1 ovo médio
- 3/4 de xícara (chá) de farinha de trigo (150g)
- sal a gosto
- 1/2 xícara (chá) de salame picado (40g)
- 1/2 xícara (chá) de queijo coalho picado (53g)
- 1 colher (chá) de fermento em pó (6g)
- margarina para untar

modo de preparo

Unte as formas com margarina, enfarinhe e reserve. Bata no liquidificador o espinafre, a manjerona, o óleo, o leite e o ovo. Passe para uma tigela e coloque a farinha de trigo e sal. Misture o salame, o queijo coalho e o fermento. Distribua a mistura nas formas e leve ao forno em temperatura média (200ºC) por cerca de 30 minutos. Sirva quente.

rendimento: 🐻🐻 2 porções
tempo de preparo: 20 minutos
tempo de forno: 30 minutos

que tal utilizar ingredientes funcionais?

♥ Acrescente 1/2 colher (sopa) de Alimento Funcional em Pó à massa antes de colocá-la na forma (veja a receita na página 46).

♥ Substitua 1/4 de xícara (chá) de farinha de trigo por amaranto em flocos.

♥ Acrescente 1/2 colher (sopa) de farinha de centeio integral à massa antes de colocá-la na forma.

para ficar + light

♥ O leite utilizado pode ser o desnatado.

♥ O óleo pode ser substituído por margarina light, na mesma quantidade.

♥ O queijo coalho pode ser substituído por queijo cottage, na mesma quantidade.

Bolo de Chocolate, Avelã e Coco

ingredientes

- 2 colheres (sopa) de avelãs (20g)
- 3 colheres (sopa) de óleo (33g)
- 1/2 xícara (chá) de leite (100ml)
- 1 ovo médio
- 3/4 de xícara (chá) de farinha de trigo (150g)
- 1/2 xícara (chá) de achocolatado (55g)
- 1/3 de xícara (chá) de açúcar (57g)
- 4 colheres (sopa) de coco ralado (36g)
- 2 colheres (chá) de fermento em pó (12g)
- margarina para untar

calda

- 3/4 de xícara (chá) de creme de chocolate com avelã (158g)
- 2 colheres (sopa) de leite (28g)

modo de preparo

Unte as formas com margarina, enfarinhe e reserve. Bata no liquidificador as avelãs, o óleo, o leite e o ovo. Passe para uma tigela e coloque a farinha de trigo, o achocolatado, o açúcar, o coco e o fermento. Distribua a mistura nas formas e leve ao forno em temperatura média (200ºC) por cerca de 30 minutos. Espere amornar e desenforme.

calda

Misture o creme de chocolate com avelã ao leite e espalhe sobre os bolinhos.

rendimento: 🐻🐻 2 porções
tempo de preparo: 20 minutos
tempo de forno: 30 minutos

que tal utilizar ingredientes funcionais?

💛 Substitua o leite comum por leite de soja, na mesma quantidade.

💛 Substitua 1/2 xícara (chá) de farinha de trigo branca por farinha de trigo integral.

💛 Acrescente 1/2 colher (sopa) de Alimento Funcional em Pó à massa antes de colocá-la na forma (veja a receita na página 46).

para ficar + light

💛 O leite utilizado pode ser o desnatado.

💛 O óleo pode ser substituído por margarina light, na mesma quantidade.

💛 O achocolatado pode ser substituído por cacau em pó, que não contém açúcar.

💛 O açúcar pode ser substituído por adoçante culinário, na mesma quantidade ou seguindo as recomendações da embalagem.

Quiche de Abobrinha e Cenoura

massa
- 1/3 de tablete de manteiga (67g)
- 1 xícara (chá) de farinha de trigo (100g)
- 1 clara média
- 1 pitada de sal (menos de 1g)

recheio
- 1/2 xícara (chá) de abobrinha ralada (55g)
- 1/2 xícara (chá) de cenoura ralada (43g)
- 2 ovos médios
- 1/2 xícara (chá) de creme de leite fresco (100ml)
- 1/2 xícara (chá) de requeijão (95g)

modo de preparo
massa
Misture todos os ingredientes, junte 3 colheres (sopa) de água e amasse bem. Enrole em papel-filme e leve à geladeira por 20 minutos. Retire da geladeira, desenrole o papel-filme e abra a massa com um rolo. Coloque a massa nas formas, cobrindo o fundo e as laterais com a mesma. Coloque um pedaço de papel-alumínio sobre a massa e despeje feijões sobre ele, para fazer pressão sobre a massa e não deixar que se formem bolhas enquanto assa. Leve ao forno em temperatura média alta (220°C) e asse por cerca de 15 minutos. Retire os feijões e o papel-alumínio e deixe amornar.

recheio
Em uma tigela, misture todos os ingredientes e coloque sobre as massas pré-assadas. Leve ao forno em temperatura média (200°C) por cerca de 30 minutos. Deixe esfriar um pouco, desenforme, deixando o recheio para baixo, e sirva.

rendimento: 🐻🐻 2 porções
tempo de preparo: 20 minutos
tempo de forno: 45 minutos
tempo de geladeira: 20 minutos

que tal utilizar ingredientes funcionais?
♥ Substitua 1/2 xícara (chá) de farinha de trigo por farinha de aveia.

♥ Substitua o creme de leite por iogurte desnatado, na mesma quantidade.

♥ Acrescente 1/2 colher (sopa) de Alimento Funcional em Pó à massa antes de colocá-la na forma (veja a receita na página 46).

para ficar + light
♥ O creme de leite e o requeijão podem ser substituídos pela versão light desses produtos.

♥ A manteiga pode ser substituída por margarina light, na mesma quantidade.

Torta de Salsicha

massa
- 1/2 tablete de manteiga (100g)
- 1 e 1/2 xícara (chá) de farinha de trigo (150g)
- 1 ovo médio
- 1 pitada de sal (menos de 1g)

recheio
- 3 salsichas picadas (90g)
- 3 colheres (sopa) de queijo tipo cottage (75g)
- 1 colher (sopa) de salsa picada (7g)
- 1 batata média cozida e amassada (170g)
- 2 colheres (sopa) de leite (28g)
- sal a gosto

modo de preparo
massa
Misture todos os ingredientes, junte 3 colheres (sopa) de água e amasse bem. Enrole a massa em papel-filme e leve à geladeira por 20 minutos. Retire da geladeira, desenrole o papel-filme e abra a massa com um rolo. Reserve 1/3 da massa para cobrir as tortas e forre, com a massa restante, as formas, cobrindo o fundo e as laterais. Reserve.

recheio
Em uma tigela, misture todos os ingredientes do recheio e coloque nas formas forradas com massa. Abra a massa reservada entre dois pedaços de plástico e cubra as tortas. Leve ao forno em temperatura média (200°C) por cerca de 30 minutos. Deixe esfriar um pouco, desenforme, deixando o fundo virado para cima.

rendimento: 🐻🐻 2 porções
tempo de preparo: 20 minutos
tempo de geladeira: 20 minutos
tempo de forno: 30 minutos

que tal utilizar ingredientes funcionais?
♥ Substitua 1/2 xícara (chá) de farinha de trigo branca por farinha de trigo integral.

♥ Acrescente 1/2 colher (sopa) de sementes moídas de linhaça escura ao recheio antes de colocá-lo na forma.

♥ Acrescente 1 colher (sopa) de Alimento Funcional em Pó à massa antes de colocá-la na forma (veja a receita na página 46).

para ficar + light
♥ O leite utilizado poder ser o desnatado.

♥ A salsicha utilizada pode ser a de carne de ave.

♥ A manteiga pode ser substituída por margarina light, na mesma quantidade.

Bolo de Chocolate

ingredientes

- 3 ovos médios
- 1/3 de xícara (chá) de macadâmias (40g)
- 3 colheres (sopa) de açúcar (57g)
- 1 colher (sopa) de manteiga (25g)
- 1/3 de xícara (chá) de coco ralado (20g)
- 1/3 de tablete de chocolate branco picado e derretido (60g)
- 1 colher (chá) de fermento em pó (6g)
- margarina para untar

calda

- 3 colheres (sopa) de açúcar (57)
- 1/2 xícara (chá) de creme de leite fresco (100ml)
- 1 colher (sopa) de manteiga (25g)

modo de preparo

Unte as formas com margarina, enfarinhe e reserve. Bata no liquidificador os ovos, metade das macadâmias, o açúcar, a manteiga, o coco e o chocolate branco derretido. Pique as macadâmias restantes e misture na massa junto com o fermento. Distribua nas formas e leve ao forno em temperatura média (200°C) por cerca de 30 minutos. Deixe amornar e desenforme.

calda

Em uma panela, derreta o açúcar e junte o creme de leite. Ferva até formar uma calda grossa. Desligue e misture a manteiga. Deixe esfriar e espalhe sobre os bolinhos desenformados.

rendimento: 🐸🐸 2 porções
tempo de preparo: 20 minutos
tempo de forno: 30 minutos

que tal utilizar ingredientes funcionais?

❤ Substitua o creme de leite por iogurte desnatado, na mesma quantidade.

❤ Acrescente 1/2 colher (sopa) de sementes moídas de linhaça dourada à massa antes de colocá-la na forma.

❤ Acrescente 1 colher (sopa) de Alimento Funcional em Pó à massa antes de colocá-la na forma (veja a receita na página 46).

para ficar + light

❤ O creme de leite pode ser substituído pela versão light do produto.

❤ A manteiga pode ser substituída por margarina light, na mesma quantidade.

❤ O açúcar pode ser substituído por adoçante culinário, na mesma quantidade ou seguindo as recomendações da embalagem. Para a calda, adicione 1 colher (chá) de amido de milho para engrossá-la.

Bolinho de Milho, Queijo e Ervilha

ingredientes
- 3/4 de xícara (chá) de farinha de trigo (150g)
- sal a gosto
- 2 colheres (sopa) de óleo (22g)
- 1/3 de xícara (chá) de leite (67ml)
- 1 ovo médio
- 2 colheres (sopa) de ervilhas, frescas ou congeladas, cozidas (30g)
- 2 colheres (sopa) de milho verde em conserva (25g)
- 1/3 de xícara (chá) de queijo prato ralado (35g)
- 1 colher (chá) de fermento em pó (6g)
- margarina para untar

molho
- 1/2 pote de cream cheese (75g)
- 1 colher (sopa) de salsa picada (7g)
- 3 colheres (sopa) de leite (42g)

modo de preparo
Unte as formas com margarina, enfarinhe e reserve. Em uma tigela, coloque a farinha de trigo e sal. Misture o óleo, o leite, o ovo, as ervilhas, o milho, o queijo e o fermento. Distribua a massa nas formas e leve ao forno em temperatura média (200°C) por cerca de 30 minutos. Sirva quente.

molho
Misture o cream cheese, a salsa, o leite e sirva com os bolinhos ainda quentes.

rendimento: 🐻🐻 2 porções
tempo de preparo: 20 minutos
tempo de forno: 30 minutos

que tal utilizar ingredientes funcionais?
♥ Substitua 1/4 de xícara (chá) de farinha de trigo por farinha de quinua.

♥ Acrescente 1/2 colher (sopa) de Alimento Funcional em Pó à massa antes de colocá-la na forma (veja a receita na página 46).

♥ Acrescente 1/2 colher (sopa) de sementes de linhaça escura ao molho.

para ficar + light
♥ O leite, o queijo prato e o cream cheese podem ser substituídos pela versão light desses produtos.

♥ O óleo pode ser substituído por margarina light, na mesma quantidade.

Bolo com Gotas de Chocolate

receita na página 30

Bolo de Castanhas-de-Caju

ingredientes
- 1 ovo médio
- 3 colheres (sopa) de óleo (33g)
- 5 colheres (sopa) de leite condensado (75g)
- 1/3 de xícara (chá) de castanhas-de-caju moídas (27g)
- 1/4 de xícara (chá) de amido de milho (20g)
- 1 colher (chá) de fermento em pó (6g)
- margarina para untar

cobertura
- 1/4 de tablete de manteiga sem sal em temperatura ambiente (50g)
- 1/3 de xícara (chá) de leite condensado (87g)
- 1 colher (sopa) de chocolate em pó (18g)
- 1/4 de xícara (chá) de castanhas-de-caju moídas (20g)

modo de preparo
Unte as formas com margarina, enfarinhe e reserve. Em uma tigela, misture o ovo, o óleo, o leite condensado, as castanhas-de-caju, o amido de milho e o fermento em pó. Passe a mistura para as formas e leve ao forno em temperatura média (200°C) por cerca de 30 minutos. Espere amornar e desenforme.

cobertura
Bata a manteiga com o leite condensado até a mistura ficar cremosa e fofa. Junte o chocolate e as castanhas-de-caju. Decore os bolinhos com essa cobertura e sirva.

rendimento: 🧸🧸 2 porções
tempo de preparo: 20 minutos
tempo de forno: 30 minutos

que tal utilizar ingredientes funcionais?
♥ Substitua o amido de milho por farinha de aveia, na mesma quantidade.

♥ Acrescente 1/2 colher (sopa) de Alimento Funcional em Pó à massa antes de colocá-la na forma (veja a receita na página 46).

♥ Acrescente 1/2 colher (sopa) de sementes de gergelim preto à cobertura.

para ficar + light
♥ O leite condensado pode ser substituído pela versão light do produto (veja a receita na página 46).

♥ O chocolate em pó pode ser substituído por cacau em pó, que não contém açúcar.

♥ O óleo e a manteiga podem ser substituídos por margarina light nas mesmas quantidades.

Bolinho Colorido

ingredientes

- 3/4 de xícara (chá) de farinha de trigo (150g)
- sal a gosto
- 2 colheres (sopa) de óleo (22g)
- 1/3 de xícara (chá) de leite (67g)
- 1 ovo médio
- 1/2 xícara (chá) de beterraba cozida e amassada (53g)
- 1/3 de xícara (chá) de alho-poró refogado (37g)
- 1/2 xícara (chá) de queijo cheddar picado (53g)
- 1 colher (chá) de fermento em pó (6g)
- margarina para untar

modo de preparo

Unte as formas com margarina, enfarinhe e reserve. Em uma tigela, coloque a farinha de trigo e sal. Misture o óleo, o leite, o ovo, a beterraba, o alho-poró, o queijo e o fermento. Distribua a mistura nas formas e leve ao forno em temperatura média (200ºC) por cerca de 30 minutos. Sirva quente.

rendimento: 2 porções
tempo de preparo: 20 minutos
tempo de forno: 30 minutos

que tal utilizar ingredientes funcionais?

♥ Acrescente 1/2 colher (sopa) de Alimento Funcional em Pó à massa antes de colocá-la na forma (veja a receita na página 46).

♥ Acrescente 1 colher (sopa) de salsa picada à massa antes de colocá-la na forma.

♥ Acrescente 1 colher (sopa) de farinha de amêndoas à massa antes de colocá-la na forma.

para ficar + light

♥ O leite utilizado pode ser o desnatado.

♥ O óleo pode ser substituído por margarina light, na mesma quantidade.

♥ Substitua o queijo cheddar por ricota amassada, na mesma quantidade.

Torta de Frango com Palmito

recheio

- 1 colher (sopa) de óleo (11g)
- 1/4 de cebola ralada (58g)
- 1 dente de alho amassado (2g)
- 1 colher (chá) de colorífico (2g)
- 1 xícara (chá) de frango cozido e desfiado (146g)
- 1/2 envelope de caldo de galinha em pó (4,5g)
- 2 colheres (sopa) de molho de tomate pronto (46g)
- 1 colher (sopa) de azeitonas verdes (26g)
- 1/2 xícara (chá) de palmito picado (65g)
- 1 colher (sopa) de farinha de trigo (18g)
- sal a gosto

massa

- 3 colheres (sopa) de manteiga (75g)
- 1 e 1/2 xícara (chá) de farinha de trigo (150g)
- 1 gema média
- 1/4 de xícara (chá) de leite (50ml)
- 1 pitada de sal (menos de 1g)

modo de preparo

massa Misture todos os ingredientes e amasse bem. Enrole a massa em papel-filme e leve à geladeira por 20 minutos. Retire da geladeira, desenrole o papel-filme e abra a massa com um rolo. Reserve 1/3 da massa para cobrir as tortas e forre, com a massa restante, as formas, cobrindo o fundo e as laterais. Reserve.

recheio Aqueça o óleo e frite a cebola e o alho. Junte o colorífico, o frango, o caldo de galinha, o molho de tomate, as azeitonas e o palmito. Refogue e polvilhe a farinha de trigo. Adicione 1/2 xícara (chá) de água e mexa até engrossar. Tempere com sal e desligue. Recheie as forminhas forradas com as massas e abra a massa restante para cobri-las. Leve ao forno em temperatura média (200ºC) por cerca de 30 minutos. Sirva quente.

rendimento: 2 porções
tempo de preparo: 20 minutos
tempo de geladeira: 20 minutos
tempo de forno: 30 minutos

que tal utilizar ingredientes funcionais?

- ♥ Substitua 1/2 xícara (chá) de farinha de trigo branca por farinha de trigo integral.
- ♥ Acrescente 1/2 colher (sopa) de sementes de linhaça dourada ao recheio antes de colocá-lo na forma.
- ♥ Acrescente 1/2 colher (sopa) de Alimento Funcional em Pó à massa antes de colocá-la na forma (veja a receita na página 46).

para ficar + light

- ♥ O leite utilizado por ser o desnatado.
- ♥ O óleo e a manteiga podem ser substituídos por margarina light, na mesma quantidade.

Bolo de Doce de Leite

massa
- 2 ovos médios
- 2 colheres (sopa) de açúcar (38g)
- 2 colheres (sopa) de farinha de trigo (36g)
- margarina para untar

recheio
- 4 colheres (sopa) de doce de leite (80g)
- 1 colher (sopa) de creme de leite (11g)
- 1/4 de xícara (chá) de leite (50ml)

cobertura
- 1 xícara (chá) de chantilly pronto (68g)
- doce de leite para decorar

modo de preparo

massa
Unte as formas com margarina, enfarinhe e reserve. Na batedeira, bata as claras em neve, acrescente as gemas e o açúcar, batendo sempre. Pare de bater e adicione a farinha de trigo, delicadamente. Passe para as formas e leve ao forno em temperatura média (200°C) por cerca de 30 minutos. Deixe esfriar e desenforme. Corte os bolinhos ao meio para rechear e reserve.

recheio
Misture o doce de leite com o creme de leite. Molhe a parte de baixo dos bolinhos com o leite e recheie com o doce de leite. Cubra os bolinhos com a parte de cima.

cobertura
Cubra os bolinhos com o chantilly e decore com o doce de leite.

rendimento: 2 porções
tempo de preparo: 35 minutos
tempo de forno: 30 minutos

que tal utilizar ingredientes funcionais?
♥ Substitua a farinha de trigo branca por farinha de trigo integral, na mesma quantidade.

♥ Substitua o creme de leite por iogurte desnatado, na mesma quantidade.

♥ Acrescente 1/2 colher (sopa) de Alimento Funcional em Pó à massa antes de colocá-la na forma (veja a receita na página 46).

para ficar + light
♥ O leite, o creme de leite, o doce de leite e o chantilly podem ser substituídos pela versão light desses produtos.

♥ O açúcar pode ser substituído por adoçante culinário, na mesma quantidade ou seguindo as recomendações da embalagem.

passo a passo
Bolinho de Banana com Coco

1 - Unte as formas com margarina.

2 - Coloque um pouco de farinha nas formas.

3 - Espalhe a farinha por toda a superfície interna. Reserve.

4 - Coloque o açúcar na tigela da batedeira.

5 - Junte a manteiga.

6 - Acrescente o ovo.

7 - Bata bem até a mistura ficar homogênea.

8 - Adicione as raspas de laranja.

9 - Despeje o suco de laranja.

10 - Coloque a farinha misturada com o fermento.

11 - Bata novamente para misturar tudo.

12 - Divida a massa em duas porções iguais.

13 - Acrescente o chocolate em pó em uma delas.

14 - Misture bem.

15 - Coloque a massa branca nas formas reservadas.

16 - Vá acomodando colheradas de massa de chocolate sobre a massa branca.

17 - Misture as cores das massas, com o auxílio de uma colher.

18 - Espere que elas fiquem mescladas.

19 - Coloque as formas sobre uma assadeira e leve ao forno em temperatura média (200°C) por 30 minutos.

20 - Retire do forno e deixe esfriar.

21 - Desenforme os bolinhos.

o mundo moderno exige que você entenda as diferenças nutricionais!

alimentos light, diet e funcionais

veja as receitas na página 46 ▶

♥ Você leu este livro e já conhece essas diferenças? Ótimo, você pode passar direto para as receitas, escolhendo o jeito que será todo seu de preparar o prato escolhido – porque receita sempre depende, em boa medida, do modo de quem faz, não é?

♥ Sabemos que a criatividade e o estilo de cada um sempre passam para cada receita: muitas vezes, ela é somente uma referência, uma forma de nos dar uma inspiração, um caminho a ir em frente. Foi para isso que fizemos este livro, para que ele seja como uma fonte de inspiração. Porém, para muitos, talvez ainda seja necessário explicar e destrinchar as importantes diferenças entre os ingredientes salientados: light, diet e funcionais.

♥ Para começar, não confundir light com diet: os produtos que levam a menção light são aqueles que têm redução mínima de 30% no valor calórico total da porção. Já os produtos diet são os que não contêm nada de açúcar e são indicados para pessoas que não podem consumi-lo. Mas atenção: isso não significa que os produtos diet sejam menos calóricos! Esse detalhe merece toda a atenção, não é? O sorvete diet, por exemplo, apresenta mais calorias que a versão normal; o chocolate diet, em algumas fabricações, também pode conter um valor em calorias superior à versão normal, ou seja, a que leva açúcar.

♥ Visto isso, quando fornecemos neste livro uma versão light da receita, estamos apenas sugerindo que você utilize ingredientes com essa chancela oficial (menos calorias que a fórmula inicial). Lembrando que tal sugestão não impõe uma dieta: serve apenas como curiosidade, se você quiser fazer uma restrição calórica.

♥ Mas e agora isso, de "alimentos funcionais"? Este termo bastante recente é utilizado para destacar alguns ingredientes, naturais ou industrializados que, quando utilizados corretamente, "ajudam" ou são mais eficientes que outros, na função de nutrir corretamente. Eis a razão para o termo: porque são de fato mais "funcionais". Exemplo: todas as fibras são mais funcionais, porque elas são essenciais ao bom funcionamento do aparelho digestivo, e a maioria da alimentação moderna, industrializada e pasteurizada, é desprovida de fibras vegetais. Por isso também é que os médicos costumam recomendar, por exemplo, farinha integral em vez da farinha branca normal.

♥ Você encontrará tudo isso nas opções de receitas do livro, como dicas de substituição de alguns ingredientes, ou adição de outros, que contenham uma espécie de mix de nutrientes "funcionais". Assim, introduzimos ingredientes ainda pouco conhecidos, ou pouco utilizados, justamente para incentivar você a ter uma nutrição mais completa e equilibrada. Mas é só uma dica! Não temos a intenção nesta coleção CookLovers de fazer um produto voltado às dietas, ou à restrição alimentar. Mas não custa dar boas dicas e apontar o lado mais saudável em relação aos prazeres da mesa. Portanto, apenas lembramos que se você puder ou quiser, vá aos poucos substituindo os produtos e ingredientes conhecidos por esses, que seguramente trarão melhor resultado nutricional, sem tirar o sabor de nada!

♥ Para completar, facilitamos ainda mais esse caminho para você: criamos uma receita que sintetiza vários componentes alimentares. Se você tiver um pouco mais de tempo, sugerimos que prepare também a receita básica do Alimento Funcional em Pó (também conhecido como "ração humana"). O Alimento Funcional em Pó vem a ser nada mais que uma composição de vários ingredientes ricos em fibras, carboidratos e vitaminas, combinados e preparados em uma espécie de farinha enriquecida. Na hora de preparar uma receita CookLovers, bastará substituir um pouco das farinhas normais por esse mix em pó. Muito fácil de fazer em casa, o Alimento Funcional em Pó pode ser guardado em um pote, pois tem longa conservação e pode ser utilizado em determinadas ocasiões, ou para uso geral.

♥ Por fim, uma palavra ainda, ou lembrete, também importante: se possível, introduza em seus hábitos alimentares os produtos orgânicos! Como eles, atualmente, têm que apresentar certificado e estão sob o controle dos órgãos agrícolas, terão uma procedência confiável e estão seguramente livres de agrotóxicos e produtos nocivos à saúde.

♥ E, agora sim, a dica essencial e final: ser um amante da gastronomia combina com cozinha sustentável. O que é isso? Bem, então vamos na próxima página para ler um pouco sobre esse tema importantíssimo e fundamental nos dias de hoje!

leite condensado light

ingredientes
- 1 xícara (chá) de leite em pó desnatado (60g)
- 1/2 xícara (chá) de água fervente (100ml)
- 1/2 xícara (chá) de adoçante culinário (10g)
- 1 colher (sopa) de margarina Becel sem sal (25g)

modo de preparo
Misture todos os ingredientes muito bem e armazene essa mistura em potes plásticos opacos, ou em vidros bem fechados, em local seco e arejado.

rendimento: 742g de produto
tempo de preparo: 10 minutos

alimento funcional em pó

ingredientes
- 20g de mamão seco triturado (liofilizado)
- 20g de abacaxi seco triturado (liofilizado)
- 20g de maçã seca triturada (liofilizada)
- 20g de banana seca triturada (liofilizada)
- 100g de farinha de linhaça estabilizada
- 100g de farelo de aveia
- 100g de fibra de trigo
- 100g de gérmen de trigo
- 75g de extrato de soja sem açúcar
- 50g de quinua em flocos
- 50g de semente de gergelim com casca
- 25g de cacau em pó
- 25g de levedo de cerveja em pó
- 25g de farinha de maracujá
- 12g de gelatina em pó incolor sem sabor

modo de preparo
Misture todos os ingredientes muito bem e armazene essa mistura em potes plásticos opacos, ou em vidros bem fechados, em local seco e arejado.

rendimento: 742g de produto
tempo de preparo: 10 minutos

dicas para uma cozinha sustentável

vivemos em um mundo repleto de oportunidades e desenvolvimento tecnológico, mas o preço é uma eterna responsabilidade por aquilo que fazemos ao nosso planeta

♥ Fiéis ao conceito CookLovers, que é o conceito daqueles que adoram a gastronomia, não poderíamos deixar de ser coerentes com a atual mensagem de preservação do meio ambiente e de práticas sustentáveis. A boa notícia é que a atitude de responsabilidade para nossa casa-planeta não é nada difícil de se aplicar na cozinha do cotidiano.

♥ Primeiramente, algumas sugestões iniciais e muito básicas:

• Planeje suas compras. Nada pior que o desperdício: faça lista de compras e seja consciente do que realmente necessita adquirir.

• No supermercado, procure produtos preferencialmente orgânicos: eles são mesmo mais caros, mas protegem não só o planeta, como também sua saúde.

• Que tal voltar a usar as antigas sacolas para carregar compras? As sacolinhas de plástico sozinhas parecem tão fininhas, inofensivas... Mas como são bilhões, estão virando vilãs da poluição, entre outros descartes e resíduos. Parece pouco, mas é que "você pode fazer" – e esse pouco faz diferença, quando somos milhares de pessoas fazendo a diferença!

• Procure se informar sobre a origem dos produtos que você consome. Entre nos sites, veja quais empresas têm uma política de reciclagem, defesa do meio ambiente. Afinal, é sempre bom você saber o que está comendo!

♥ Mas, e na prática, como fica? A sustentabilidade tem que ser praticada diariamente. Portanto, organize-se: Reduza, Recicle, Reutilize são os famosos três R do ambientalismo. Reduza o consumo de luz, água e gás, com atitudes muito simples, tais como:

• Afaste bem o fogão da geladeira, assim ela não perde tanto o frio de sua temperatura e consome menos, porque não precisa "trabalhar" tanto.

• Água de lavagem de pratos é um grande desperdício: não deixe a torneira aberta, coloque a louça suja na pia e ensaboe tudo de uma vez, só voltando a utilizar a água no momento de enxaguar.

• Tem sobras de alimentos? Sobrou o quê? As cascas e talos podem ser utilizados em ótimas receitas, os pratos não consumidos podem virar sopas, suflês, omeletes... Exerça sua criatividade! Nada de jogar fora!

• Tem coleta de lixo reciclado em sua casa ou apartamento? Exija isso! Cada ser humano produz em média uma tonelada de lixo por ano, sabia? Temos que fazer algo a respeito e no mínimo praticar a coleta seletiva, certo?

• Não jogue óleo na pia, pois causa entupimentos na rede de esgoto. Armazene o óleo utilizado em garrafas de plástico e entregue-o em postos de coleta (em geral, grandes supermercados prestam esse serviço).

♥ Há mais uma porção de pequenas atitudes que, com um pouco de participação e boa vontade, são bem simples de realizar. Como diz o ditado: "de grão em grão a galinha enche o papo"; assim funciona também com a prática sustentável.

Rua Valois de Castro, 50 - Vila Nova Conceição
04513-090 - São Paulo - SP - Brasil
Tel.: 11 3846-5141 - contato@boccato.com.br
www.boccato.com.br - www.cooklovers.com.br

© Editora Boccato / CookLovers

edição André Boccato
coordenação editorial Manon Bourgeade / Maria Aparecida C. Ramos
assistente editorial Lucas W. Schmitt
coordenação administrativa Daniela Bragança
elaboração das receitas Aline Maria Terrassi Leitão
cozinha experimental Ciene Cecilia da Silva / Henrique Cortat
fotografias Cristiano Lopes
produção fotográfica Airton G. Pacheco
diagramação Arturo Kleque G. Neto / Lucas W. Schmitt / Manon Bourgeade
tratamento de imagens Arturo Kleque G. Neto
revisão Maria Luiza Momesso Paulino
diretor comercial Marcelo Nogueira
colaboração Carla Mariano / Cristiane Coelho Ognibene / Fernado Aoki / Jezebel Salem / Renata Martins / Rogério Barracho

As fotografias das receitas deste livro são ensaios artísticos, não necessariamente reproduzindo as proporções e realidade das receitas, as quais foram criadas e testadas pelos autores, porém sua efetiva realização será sempre uma interpretação pessoal dos leitores.

```
Dados Internacionais de Catalogação na Publicação (CIP)
     (Câmara Brasileira do Livro, SP, Brasil)

     Boccato, André
        Bolinhos Divertidos : receitas com
     alternativas de ingredientes funcionais e light /
     André Boccato & Estúdio CookLovers. -- São Paulo :
     Editora Boccato, 2010.

        1. Bolos (Culinária) 2. Culinária (Receitas)
     I. Estúdio CookLovers. II. Título.

10-09392                                      CDD-641.8653

          Índices para catálogo sistemático:
     1. Bolos : Receitas : Culinária   641.8653
```

Peças e objetos das fotografias

Art Mix, Bontempo Móveis, Cecília Dale, Jorge Elias Boutique, M. Dragonetti Utensílios de Cozinha, Nelise Ometto Atelier de Cerâmica, Pepper, Porcelana Schmidt, Presentes Mickey, Roberto Simões Presentes, Spicy, Stella Ferraz Cerâmica e Suxxar.